AF388741

CATALOGUE

DE

LIVRES FRANÇAIS MODERNES

BIEN CONDITIONNÉS

Dont la vente aura lieu le vendredi 29 mai 1874

à 8 heures du soir.

Rue des Bons-Enfants, 28, (maison Silvestre).

Par le ministère de Mᵉ Dᴇʟʙᴇʀɢᴜᴇ-Cᴏʀᴍᴏɴᴛ, commissaire-priseur
Rue de Provence, 8

PARIS

ADOLPHE LABITTE

LIBRAIRE DE LA BIBLIOTHÈQUE NATIONALE
4, rue de Lille, 4.

—

1874

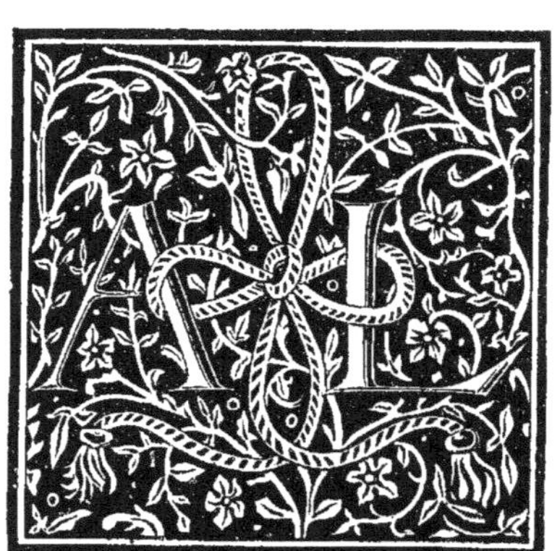

Paris. — Typographie Georges Chamerot, rue des Saints-Pères, 19.

CATALOGUE

DE

LIVRES FRANÇAIS MODERNES

BIEN CONDITIONNÉS

1. La Sainte Bible, traduction nouvelle selon la Vulgate, par MM. J.-J. Bourassé et P. Janvier, dessins de G. Doré. *Tours, A. Mame,* 1866, 2 vol. in-fol. cart. toile rouge, non rog.

2. L'IMITATION DE JÉSUS-CHRIST, fidèlement traduite du latin, par Michel de Marillac. *Paris, L. Curmer*, 1856-58, 2 vol. in-4, nombr. fig. et encadrements, l'un relié en mar. bl. dent. doublé de tabis, tr. dor. (*Cottin-Simier.*)

Belle publication où se trouvent reproduites en chromo-lithographie, or, argent et couleurs, les plus belles miniatures des manuscrits du moyen âge, avec de riches encadrements comprenant les sujets et les ornements les plus variés.

Le second volume, composé de notices historiques et bibliographiques, avec des ornements gravés, contient plusieurs photographies. Il est en demi-rel. mar. bl. tr. dor.

3. L'Imitation de Jésus-Chrit, traduction inédite du xviie siècle, avec le texte en regard. *Paris, Le Clerc*, 1869, gr. in-8, fig. br.

4. L'Imitation de N.-S. Jésus-Christ, traduction nouvelle, par M. l'abbé Delaunay. *Paris, L. Curmer*, 1864, 2 vol. pet. in-8, fig. mar. br. tr. dor.

5. LE LIVRE D'HEURES DE LA REINE ANNE DE BRETAGNE, traduit du latin et accompagné de notices inédites, par M. l'abbé Delaunay. *Paris,*

L. Curmer, 1841, 2 vol. gr. in-4, nombr. et riches figures chromo-lithographiques, et encadr. rel. en mar. r. compart. mosaïque en couleur, doublé de tabis, semé de fleurs de lis, tr. dor. (*Simier.*)

Bel exemplaire avec les armoiries d'Anne de Bretagne, en mosaïque sur les plats.

6. Lettres écrites à un provincial, par Blaise Pascal. *Paris, Aimé André,* 1839, in-8, demi-rel. mar. viol. tête dor. non rog. (*David.*)

7. Les Codes français collationnés sur les éditions officielles, par L. Tripier. *Paris, Cotillon,* 1852, gr. in-8, demi-rel. mar. r.

8. Code général des lois françaises, par M. Émile Durand. *Paris, Gosse et Marchal,* 1857, 2 vol. in-8, demi-rel. mar. br.

9. Code Napoléon expliqué article par article, par J.-B.-C. Picot. *Paris, J.-H. Michon,* 1868, 2 vol. in-8, mar. v. tr. dor.

10. Traité de la compétence générale des tribunaux de simple police, par J.-L. Jay. *Paris, A. Durand,* 1864, in-8, demi-rel. mar. v.

11. Traité de la compétence générale des juges de paix et de leurs diverses attributions, par J.-L. Jay. *Paris, A. Durand,* 1864, in-8, demi-rel. mar. n.

12. Cours de droit administratif, par M. Th. Ducrocq. *Paris, A. Durand,* 1863, in-8, br.

13. Dictionnaire d'économie politique, publié sous la direction de MM. Ch. Coquelin et Guillaumin. *Paris, Guillaumin,* 1854, 2 vol. portr. broché.

14. Dictionnaire général de la politique, par M. Maurice Block. *Paris, O. Lorenz,* 1863, 2 vol. in-8, demi-rel. mar. bl. tr. dor.

15. Dictionnaire de l'administration française, par M. Maurice Block. *Paris, veuve Berger-Levrault,* 1862, in-8, demi-rel. mar. v. tr. dor.

16. Dictionnaire de l'administration française, par M. Maurice Block, 3ᵉ tirage. *Paris, veuve Berger-Levrault,* 1862, in-8, demi-rel. mar. v. tr. dor.

17. Les Causeries d'un maire avec ses administrés, du 21 septembre 1867 au 30 mai 1868, en vue de former une association agricole et industrielle entre tous les habitants d'une commune, par Leclaire, maire d'Herblay (Seine-et-Oise). *Paris, veuve Bouchard-Huzard,* 1868, in-4, mar. v. fil. tr. dor.

18. Dictionnaire universel, théorique et pratique, du commerce et de la navigation. *Paris, Guillaumin,* 1863, 2 vol. in-8, demi-rel. cuir de Russie.

19. Histoire de la soie, par Ernest Pariset. *Paris, A. Durand,* 1862-65, 2 vol. in-8, demi-rel. dos et coins de v. f. tête dor. non rog.

20. Statistique de l'instruction primaire pour l'année 1863. *Paris, Impr. impériale,* 1865, in-4, mar. v. fil. tr. dor.

21. L'École, par J. Simon. *Paris, A. Lacroix,* 1865, in-8, br.

22. Bulletin administratif de l'instruction publique, années 1863 à 1868. *Paris,* 1864-69, 12 vol. in-8, basane.

23. Dictionnaire d'hygiène publique et de salubrité, ou répertoire de toutes les questions relatives à la santé publique, par Ambr. Tardieu. *Paris, J.-B. Baillière,* 1862, 4 vol. in-8, demi-rel. mar. br.

24. Éléments de chirurgie opératoire, par A. Guérin. — Lettres sur la syphilis, par Ph. Ricord. — Abrégé du calendrier du bon cultivateur, par Mathieu de Dombasle. *Paris,* 1858-63, 3 vol. in-12, demi-rel. mar.

25. Mission scientifique au Mexique et dans l'Amérique centrale, ouvrage publié par ordre de S. M. l'Empereur. Linguistique, Géologie. *Paris, Impr. impériale,* 1868, 3 vol. in-4, br.

26. Le Monde de la mer, par Alfred Frédol, illustré par P. Lackerbauer. *Paris, L. Hachette,* 1865, gr. in-8, fig. color. demi-rel. mar. v. tr. dor.

27. Les Plantes à feuillage coloré, recueil des espèces les plus remarquables servant à la décoration des jardins, des serres et des appartements, par MM. E.-J. Lowe et W. Howard, trad. de l'anglais par M. J. Rothschild. *Paris, J. Rothschild,* 1865, gr. in-8, fig. color. et sur bois, demi-rel. dos et coins de mar. v. tête dor. non rog.

28. Recherches scientifiques en Orient, entreprises par les ordres du gouvernement, pendant les années 1853-54, et publiées par Albert Gaudry ; partie agricole. *Paris, Impr. impériale,* 1855, gr. in-8, demi-rel. dos et coins de mar. r. tête dor. non rog.

29. L'Agriculture française ; principes d'agriculture appliqués aux diverses parties de la France, par M. Louis Gossin. *Paris, Lacroix et Baudry, s. d.,* in-4, fig. demi-rel. mar. r. tr. dor.

30. La Vie à la campagne, chasse, pêche, courses, haras, nouvelles, beaux-arts, etc. *Paris, Ch. Furne, s. d.,* 10 vol. in-4, fig. demi-rel. mar. r.

31. Le Livre de la ferme et des maisons de campagne, publié sous la direction de M. P. Joigneaux. *Paris, Ch. Delagrave,* 1866, 2 vol. gr. in-8, fig. mar. br.

32. Le Parfait Maréchal, qui enseigne à connoître la beauté, la bonté et les défauts des chevaux, par le sieur de Solleysel, écuyer. *Paris,* 1775, 2 vol. in-4, fig. br.

33. Manuel de l'éleveur de chevaux, par Félix Vil-
leroy. *Paris,* 1856, 2 vol. in-8, fig. demi-rel. mar.
vert.

34. Le Ciel, notions d'astronomie à l'usage des gens
du monde et de la jeunesse, par Amédée Guille-
min. *Paris, L. Hachette,* 1864, gr. in-8, fig. demi-
rel. mar. br. tr. dor.

35. Tables synoptiques de calculs d'intérêts com-
posés, d'annuités et d'amortissements, par Lacaille.
Dijon, 1868, in-8, gr. pap. vél. mar. r. dent. tr.
dorée.

36. Mémoires sur l'éclairage et le balisage des côtes
de France, par M. Léonce Reynaud. *Paris, Impr.
impériale,* 1864, in-4 et atlas in-fol. demi-rel.
mar. v.

37. Histoire de l'art de la guerre, par le capitaine
Ed. de la Barre Duparcq. *Paris, Ch. Tanera,*
1860, 2 vol. in-8, br. — Histoire civile de l'armée,
par Aug. Vitu. *Paris, Didier,* 1868, in-8, br.

38. Origines de l'artillerie française, autographiées
d'après les monuments du xiv° et du xv° siècle,
avec une introduction, table et texte descriptif
par Lorédan Larchey. *Paris, Dentu,* 1863, in-4,
broché.

39. Études tactiques pour l'instruction dans les
camps, par le général baron Joachim Ambert ;
1ʳᵉ série, Zorndorf (1758), Austerlitz (1805). *Paris,
P. Dupont,* 1865, in-fol. cart.

40. L'Art de la cavalerie, ou la manière de devenir
bon écuyer, par M. Gaspard de Saumier. *Paris,
Jombert,* 1756, in-fol. fig. demi-rel. bas.

---

41. Les Chefs-d'œuvre de la peinture italienne, par
Paul Mantz, ouvrage contenant vingt planches
chromo-lithographiques exécutées par F. Keller-

hoven. *Paris, F. Didot,* 1870, in-fol. cart. non rogné.

42. Les Galeries publiques de l'Europe, par M. J.-G.-D. Armengaud (Rome). *Paris, Ch. Lahure et Cie,* 1859, in-4, fig. demi-rel. mar. r. pl. toile, tr. dorée.

43. Album de la Vie de César, recueil de dessins exécutés ou mis en ordre par Henry de Montaut. *Paris,* 1865, in-4, cart.

44. François Ier chez Mme de Boisy, notice d'un recueil de crayons ou portraits aux crayons de couleur, enrichi par le roi François Ier de vers et de devises inédites, par M. Rouard. *Paris, A. Aubry,* 1863, in-4, demi-rel. dos et coins de mar. v. non rogné.

Tiré à 170 exemplaires.

45. Musée de Versailles, ou Tableaux de l'histoire de France, avec un texte explicatif d'après Henri Martin, Michaud, Burette, etc. *Paris, Furne,* 1858, in-4, fig. demi-rel. dos et coins de mar. r. tr. dor.

46. Recueil de 5o photographies représentant les sujets bas-reliefs sculptés aux dossiers des cinquante hautes stalles du chœur de la cathédrale du Mans, représentant la vie de Jésus-Christ. In-4, en ff. dans un étui.

47. Chefs-d'œuvre de la gravure moderne, par les principaux artistes de la France et de l'étranger. *Paris, M. Lévy,* 1869, in-fol. br.

48. Campagnes des Français sous le Consulat et l'Empire, album de 6o planches de Carle Vernet. *Paris, s. d.,* in-fol. cart.

49. Statistique monumentale de Paris. Atlas, 2 vol. gr. in-fol. demi-rel. tête dor. non rog. et texte in-4, même rel.

50. Album de l'exposition universelle, par M. le baron Brisse. *Paris*, 1856, 3 vol. in-4, fig. demi-rel. mar. n.

51. Monographie de la cathédrale de Chartres, publiée par les soins du ministre de l'instruction publique. *Paris, Impr. impériale*, 1867, gr. in-fol. demi-rel. mar. v. tête dor. non rog.

52. Le Vieux Périgueux, album de vingt gravures à l'eau-forte par MM. Jules de Verneilh et Léon Gaucherel, avec un texte par M. Jules de Verneilh. *Paris, Léon Gaucherel*, 1867, in-fol. en ff.

53. L'Art gaulois, ou les Gaulois d'après leurs médailles, par Eug. Hucher. *Paris, A. Morel*, 1868, in-4, fig. demi-rel. bas. non rog.

54. Album du grand journal, 300 dessins par Bocourt, Cham, Decamps, Marcelin. etc. *Paris, s. d.*, in-4, cart. toile.

55. Le Charivari, année 1864. In-fol. demi-rel. v. f.

56. L'Autographe. *Paris*, 1865, in-4 obl. cart.

---

57. Observations sur l'orthographe française, suivies d'un exposé historique des opinions et systèmes sur ce sujet, depuis 1527 jusqu'à nos jours, par A.-F. Didot. *Paris, F. Didot*, 1867, in-8, mar. r. jans. tr. dor.

58. Dictionnaire pratique et critique de l'art épistolaire français, par Ch. Dezobry. *Paris, Ch. Delagrave*, 1866, in-8, demi-rel. mar. v. tr. dor.

59. La Littérature française depuis la formation de la langue jusqu'à nos jours, par le lieutenant-colonel Staaff. *Paris, Didier*, 1869, 2 vol. in-8, demi-rel. mar. r. tr. dor.

60. Fables de la Fontaine avec les dessins de G. Doré. *Paris, L. Hachette*, 1867, 2 vol. in-fol. demi-rel. mar. r. tr. dor.

61. Poésies diverses attribuées à Molière ou pouvant lui être attribuées, recueillies et publiées par P. L. Jacob, bibliophile. *Paris, A. Lemerre*, 1869, pet. in-12, br.

62. Sonnets, poëmes et poésies, par Joséphin Soulary. *Lyon, impr. de L. Perrin*, 1864, pet. in-8, pap. teinté, mar. r. dent. tr. dor.

63. L'Enfer de Dante Alighieri, avec les dessins de G. Doré, trad. française de Pier-Angelo Fiorentino. *Paris, L. Hachette*, 1865, in-fol. cart. toile rouge, non rog.

64. Le Purgatoire de Dante Alighieri avec les dessins de G. Doré, traduction française de Pier-Angelo Fiorentino. *Paris, L. Hachette*, 1868, in-fol. cart. toile rouge, non rog.

65. Rimes de Pétrarque traduites en vers, texte en regard, par Joseph Poulenc. *Paris, A. Lacroix*, 1865, 4 vol. in-12, demi-rel. dos et coins de mar. tête dor. non rog. (*Allô.*)

66. OEuvres de Dante Alighieri. — Le Paradis perdu de Milton. — L'Esprit des lois, par Montesquieu. *Paris*, 1861-62, 3 vol. in-12, demi-rel. mar.

67. Poema de Alfonso Oncena. *Madrid*, 1863, in-8, demi-rel. dos et coins de mar. r. tête dor. non rogné.

68. OEuvres complètes de Molière, nouvelle édition, revue par M. L. Molaud. *Paris, Garnier*, 1863, 7 vol. in-8, portr. et fig. de Staal, mar. viol. fil. tête dor. non rog. (*Cottin-Simier.*)

69. OEuvres complètes de Molière, avec des remarques nouvelles par M. Félix Lemaistre. *Paris, Garnier frères, s. d.*, 3 vol. in-12, demi-rel. dos et coins de mar. r.

70. Théâtre complet de J. Racine. — OEuvres de P. et Th. Corneille. — Fables de la Fontaine. —

OEuvres de Boileau. *Paris, Charpentier*, 1861-64,
5 vol. in-12, demi-rel. dos et coins de mar.

71. Marie Stuart de Schiller, traduite en vers par
Théodore Braun. *Strasbourg, Treuttel et Wurtz*,
1861, in-8, v. r. tête dor. non rog.

72. Shakspeare. Jules César, tragédie traduite en
vers français avec le texte anglais au bas des pages,
par C. Carlhaut. *Paris, F. Didot*, 1856, in-8, pap.
de Hol. mar. r. tr. dor.

———————————

73. Daphnis et Chloé, ou les Pastorales de Longus,
traduites du grec par J. Amyot. *Paris, Leclerc*,
1863, pet. in-8, fig. mar. bl. fil. tr. dor.

74. Les Quatre Livres de maistre François Rabelais,
publiés par les soins de MM. A. de Montaiglon et
L. Lacour. *Paris, D. Jouaust*, 1869, 2 vol. in-8,
broché.

Un des 30 exemplaires sur papier Whatman.

75. Les Amours de Psyché et de Cupidon, suivies
d'Adonis, poëme par la Fontaine. *Paris, Leclere*,
1863, 2 vol. in-18, fig. de Moreau, demi-rel. dos
et coins de mar. br. tête dor. non rog.

76. Les Contes de Perrault, dessins par G. Doré,
préface par P.-J. Sahl. *Paris, J. Hetzel*, 1863,
in-fol. cart. non rog.

77. Atala, par le vicomte de Chateaubriand, avec les
dessins de G. Doré. *Paris, L. Hachette*, 1863,
in-fol. demi-rel. mar. br. tr. dor.

78. OEuvres complètes de H. de Balzac. *Paris,
M. Lévy*, 1868, 45 vol. in-18, demi-rel. dos et
coins de mar. r.

Manque le tome 29.

79. Victor Hugo raconté par un témoin de sa vie.
Paris, A. Lacroix, 1864, 2 vol. in-8, br. — Les
Travailleurs de la mer, par V. Hugo. *Paris, A. La-
croix*, 1866, 3 vol. in-8, br.

80. Soulié (Fr.). Le Vicomte de Béziers. — Le Comte de Toulouse. — Le Bâtard de Mauléon, par A. Dumas (tom. 2). — Valdieu, par L.-A. Duval. *Paris,* 1859-60, 4 vol. in-12, demi-rel. mar.

81. Erckmann-Chatrian. L'Ami Fritz. — Histoire d'un conscrit de 1813. — Guerres maritimes, par E. Jurien de la Gravière. — Voyages et Aventures du baron de Wogan. *Paris,* 1860-64, 5 vol. in-12. demi-rel. mar.

82. Michel-Ange, Léonard de Vinci, Raphaël, par Ch. Clément. — Promenade à l'Exposition scolaire de 1867, par Ch. Defodon. — Causeries sur les femmes et les livres, par G. Merlet. — Mes Prisons, par Silvio Pellico. *Paris,* 1861-68, 4 vol. in-12, demi-rel. dos et coins de mar.

83. Énault (L.). En Province. — Olga. — Le Roman d'un homme sérieux, par Ch. de Moüy. — Le Jury, par E. Berthet. — Ary Zang, par Ch. Barbara. — Jane Eyre, par Currer Bell. *Paris, L. Hachette,* 1863-66, 6 vol. in-12, demi-rel. mar.

84. Achard (A.). Le Duc de Charlepont. — Les Coups d'épée de M. de la Guerche. — Le Combat de l'honneur, par Adrien Robert. *Paris, L. Hachette,* 1863-65, 4 vol. in-12, demi-rel. dos et coins de mar.

85. Les Misérables, par V. Hugo. *Paris, Pagnerre,* 1863, 10 vol. in-12, demi-rel. dos et coins de mar. rouge.

86. Féval (P.). Roger Bontemps. — Le Bossu, ou le Petit Parisien. — Les Fanfarons du roi. — Les Habits noirs (tom. 2). *Paris,* 1863-66, 6 vol. in-12. demi-rel. dos et coins de mar.

87. OEuvres de Charles de Bernard. *Paris, M. Lévy,* 1863-64, 8 vol. in-12, demi-rel. dos et coins de mar. bl.

Le Nœud gordien. — Gerfaut. — Les Ailes d'Icare. — Un Homme sé-

— 11 —

rieux. — Un Beau-Père (tom. Ier). — Le Gentilhomme campagnard, 2 vol.
— Le Paratonnerre.

88. Le Poëme des champs, par Ch. Calemard
de la Fayette. — Les Oiseaux bleus, par Jules Janin.
— La Trace du serpent, par miss M. E. Braddon.
— Bougainville. Voyage autour du monde. *Paris*,
L. Hachette, 1864, 5 vol. in-12, demi-rel. dos et
coins de mar.

89. Snob à Paris, par Crafty. — Snob à l'Exposition,
par le même. *Paris, L. Crémière, s. d.*, 2 vol. in-8,
obl. fig. au trait, cart. tr. dor.

90. Fournier (Ed.). La Comédie de J. de la Bruyère.
— L'Esprit dans l'histoire. *Paris, E. Dentu*, 1866-
67, 2 vol. in-18, mar. v. jans. tr. dor.

91. L'Ingénieux Hidalgo Don Quichotte de la Man-
che, par Miguel de Cervantes Saavedra, trad. de
L. Viardot avec les dessins de G. Doré. *Paris*,
L. Hachette, 1863, 2 vol. in-fol. cart. toile rouge,
non rogné.

---

92. Le Monde, histoire de tous les peuples depuis
les temps les plus reculés jusqu'à nos jours, par
MM. Saint-Prosper de Saurigny, Duponchel, etc.,
revue et continuée par M. E. de Lostalot-Bachoué.
Paris, Lebigre-Duquesne, 1859, 10 vol. in-8, fig.
cartonné.

93. Le Tour du monde, nouveau journal des voyages,
publié sous la direction de M. Ed. Charton. *Paris*,
L. Hachette, 1861-64, 5 vol. in-4, fig. br.

94. Carte des environs de Paris. *Paris, Ch. Picquet*,
s. d., in-4, col. sur toile, dans un étui in-8.

95. En Égypte : Alexandrie, Port-Saïd, Suez,
Le Caire, journal d'un touriste, par H. Baillière.
Paris, J.-B. Baillière, 1867, pet. in-8, cart. non
rogné.

96. Voyage en Terre Sainte, par F. de Saulcy. *Paris*
Didier, 1865, 2 vol. in-8, demi-rel. v. r.

97. De Paris à Bucharest, causeries géographiques,
par M. V. Duruy. 1860, in-4, fig. demi-rel. mar.
r. tr. dor.
Extrait du Tour du Monde.

98. Deux Années au Brésil, par F. Biard. *Paris,
L. Hachette*, 1862, in-8, fig. demi-rel. mar. r. tr.
dorée.

99. C. Corn. Tacitus ex J. Lipsii editione cum
H. Grotii notis. *Lugduni Batavorum, ex officina
Elzeviriana*, 1640, 2 part. en 1 vol. pet. in-12,
titre gravé, mar. r. tr. dor.

100. Entretiens sur l'histoire de l'antiquité et du
moyen âge, par Jules Zeller. *Paris, Didier*, 1865,
in-18, pap. de Holl. br.

101. Histoire de la Grèce ancienne, par V. Duruy.
Paris, L. Hachette, 1862, 2 vol. in-8, mar. v. fil.
tr. dor.

102. Duruy (V.). Introduction générale à l'histoire
de France. — De Paris à Bucharest. — Compen-
dio da historia universal. — Géographie commer-
ciale et industrielle des cinq parties du monde,
par R. Cortambert. *Paris, L. Hachette*, 1864-69,
5 vol. in-12, mar. r. et demi-rel. dos et coins de
mar. r. non rog. .

103. Marguerite d'Angoulême (sœur de François Ier),
son livre des dépenses (1540-1549); études sur
ses dernières années, par le comte H. de la Fer-
rière-Percy. *Paris, A. Aubry*, 1862, pet. in-8,
portr. vél.

104. Lettres inédites de Dianne de Poytiers, publiées
par Georges Guiffrey. *Paris, veuve J. Renouard
(Lyon, L. Perrin)*, 1866, in-8, pap. teinté, portr.
sur chine et fac-simile, demi-rel. dos et coins de
mar. bl. tr. r. .

105. Mémoires du cardinal de Retz. — Vies des
dames galantes, par Brantôme. — L'Héritage de

Charlemagne, par Ch. Deslys. *Paris*, 1862-66, 4 vol. in-12, demi-rel. dos et coins de mar.

106. OEuvres choisies, mémoires et correspondance de Bertin du Rocheret, documents curieux et inédits sur le xviiie siècle, publiés par Aug. Nicaise. *Châlons-sur-Marne, Martin*, 1865, in-8, demi-rel. dos et coins de mar. viol. tête dor. non rog. (*Cottin-Simier.*)

107. La Révolution française, par M. Jules Janin, ouvrage dirigé et publié par M. J.-G.-D. Armengaud. *Paris, Ch. Lahure*, 1862, 2 vol. in-4, fig. fig. demi-rel. mar. r. tr. dor.

108. Les Annales de la paix, 1852-1867. Miscellanées historiques d'après les documents officiels, par J. Guettrot. *Paris, E. Dentu*, 1867, in-8, demi-rel. dos et coins de mar. r. tête dor. non rogné.

109. Campagne de l'empereur Napoléon III en Italie, 1859. *Paris, Impr. impériale*, 1863, in-4 et atlas in-fol. cart.

110. Histoire de la campagne de 1866, rédigée sous la direction de S. E. le général de Moltke, trad. de l'allemand par M. Furcy Raynaud. *Paris, J. Dumaine*, 1868, in-8, pl. et cartes, br.

111. Ma Mission en Prusse, par le comte Benedetti. *Paris, H. Plon*, 1871, in-8, br. — Un Ministère de la guerre de vingt-quatre jours, par le comte de Palikao. *Paris, H. Plon*, 1871, in-8, br.

112. Mémoire sur la défense de Paris, septembre 1870, janvier 1871, par E. Viollet-le-Duc. *Paris, veuve A. Morel*, 1871, in-8, br. et atlas in-fol. en feuilles.

113. Gouvernement de la défense nationale du 3o juin au 31 octobre 1870, par M. Jules Favre. *Paris, H. Plon*, 1871, 2 vol. in-8, br.

114. Campagne de l'armée du Nord en 1870-71, par
le général L. Faidherbe. *Paris, E. Dentu*, 1872,
in-8, br. — Orléans, par le général Martin
des Pallières. *Paris, H. Plon*, 1872, in-8, br.—
Sedan, par le général de Wimpffen. *Paris, A. Lacroix*, 1872, in-8, br.

115. Campagne de 1870-71. La première armée de
la Loire, par le général d'Aurelle de Paladines.
Paris, H. Plon, 1872, in-8, br. — La deuxième
armée de la Loire, par le général Chanzy. *Paris,
H. Plon*, 1872, in-8, br.

116. Les Ardennes illustrées (France et Belgique),
publiées par Elizé de Montagnac. *Paris, L. Hachette*, 1868, in-fol. fig. cart. toile rouge, non rog.

117. Histoire de la conquête de l'Angleterre par
les Normands, par Aug. Thierry. *Paris, Furne*,
2 vol. in-8, pap. de Holl. demi-rel. dos et coins
de mar. r. tête dor. non rog.

118. Mignet. Histoire de Marie Stuart. — Notices
et portraits historiques et littéraires. *Paris, Charpentier*, 1854, 4 vol. in-12, demi-rel. dos et coins
de mar.

119. Les Gazettes de Hollande et la presse clan-
destine aux xviie et xviiie siècles, par Eug. Hatin.
Paris, R. Pincebourde, 1865, in-8, pap. de Holl.
eau-forte de Ulm, demi-rel. dos et coins de mar.
bl. tête dor. non rog.

120. La Vénétie en 1864. *Paris, L. Hachette, s. d.*,
in-8, mar. r. tr. dor.

121. Album de la Roumanie. Gr. in-4, demi-rel.
mar. n.

122. Cuba en 1860, par D. Ramon de la Sagra.
Paris, L. Hachette, 1862, pet. in-fol. demi-rel.
mar. br.

123. Mémoires sur la Chine, par le comte d'Escayrac de Lauture. *Paris*, 1865, in-4, fig. demi-rel. mar. rouge.

124. La Vie de Christophe Colomb, par l'abbé Eug. Cadoret. *Paris, A. Lacroix*, 1869, in-12, pap. de Holl. demi-rel. mar. r. non rog.

125. Dictionnaire universel des contemporains, par G. Vapereau. *Paris, L. Hachette*, 1870, in-8, demi-rel. mar. r.

126. Revue des Deux-Moudes, années 1864-65, 8 vol. — Annuaire 1862-63; ensemble 9 vol. in-8, demi-rel. mar. v.

127. Sous ce numéro il sera vendu quelques lots de livres bien conditionnés.

FIN.

CONDITIONS DE LA VENTE.

La vente se fait au comptant.

Les réclamations devront être faites, au plus tard, dans les vingt-quatre heures qui suivront la vacation. Passé ce délai, les articles adjugés ne seront repris pour aucune cause.

Les acquéreurs payeront 5 p. °/₀ en sus des enchères, applicables aux frais.

Il y aura, le jour de la vente, de DEUX heures à QUATRE, exposition des livres composant la vacation du soir.

Le libraire, chargé de la vente, remplira les commissions des personnes qui ne pourraient y assister.

Paris. — Typographie de Georges Chamerot, rue des Saints-Pères, 19.